Cada dólar marca la diferencia

Dona para lograr un cambio

Danica Kassebaum

Asesoras de contenido

Jennifer M. Lopez, M.S.Ed., NBCT
Coordinadora superior, Historia/Estudios sociales
Escuelas Públicas de Norfolk

Tina Ristau, M.A., SLMS
Maestra bibliotecaria
Distrito Escolar de la Comunidad de Waterloo

Asesoras de iCivics

Emma Humphries, Ph.D.
Directora general de educación

Taylor Davis, M.T.
Directora de currículo y contenido

Natacha Scott, MAT
Directora de relaciones con los educadores

Créditos de publicación

Rachelle Cracchiolo, M.S.Ed., *Editora*
Emily R. Smith, M.A.Ed., *Vicepresidenta de desarrollo de contenido*
Véronique Bos, *Directora creativa*
Dona Herweck Rice, *Gerenta general de contenido*
Caroline Gasca, M.S.Ed., *Gerenta general de contenido*
Fabiola Sepulveda, *Diseñadora gráfica de la serie*

Créditos de imágenes: pág.4 Brian Cassella/TNS/Newscom; pág.5
Fabiola Sepulveda/TCM; págs.12, 22 Alamy; pág.16 Jonathan Wong/SCMP/
Newscom; págs.20–21 Richard B. Levine/Newscom; pág.23 Comedy Kids/
págs.24–25 Alamy/ZUMA Press; todas las demás imágenes cortesía de iStock y/o
Shutterstock

Library of Congress Cataloging-in-Publication Data

Names: Kassebaum, Danica, author.
Title: Cada dólar marca la diferencia / Danica Kassebaum.
Other titles: Every dollar makes a difference. Spanish
Description: Huntington Beach, CA : Teacher Created Materials, [2022] |
   Includes index. | Audience: Grades 2-3 | Summary: "Do you want to make a
   difference but do not know how? That is what fundraising is all about!
   Let's learn how to lead to a great event"-- Provided by publisher.
Identifiers: LCCN 2021039407 (print) | LCCN 2021039408 (ebook) | ISBN
   9781087622637 (paperback) | ISBN 9781087623955 (epub)
Subjects: LCSH: Fund raising--Juvenile literature. | Money-making projects
   for children--Juvenile literature.
Classification: LCC HV41.2 .K3718 2021 (print) | LCC HV41.2 (ebook) | DDC
   658.15/224--dc23
LC record available at https://lccn.loc.gov/2021039407
LC ebook record available at https://lccn.loc.gov/2021039408

5482 Argosy Avenue
Huntington Beach, CA 92649-1039
www.tcmpub.com
ISBN 978-1-0876-2263-7
© 2022 Teacher Created Materials, Inc.

El nombre "iCivics" y el logo de iCivics son marcas
registradas de iCivics, Inc.

Contenido

Cada pequeña acción ayuda

¿Quieres ayudar a los necesitados? ¿Quieres marcar la diferencia? Tal vez no sepas bien qué hacer. Puedes participar en una **colecta**. En las colectas, las personas **recaudan** dinero para cambiar el mundo. ¡Cada pequeña acción sirve de ayuda!

Unos niños corren
para recaudar dinero
para su escuela.

Salta a la ficción

Cambiar el mundo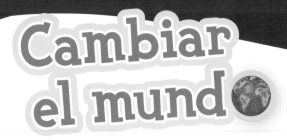

La clase de la maestra Bay estaba trabajando en su tarea de la mañana cuando Alex levantó la mano.

—¿Maestra Bay? —preguntó Alex.

—Sí, Alex —dijo la maestra.

—Algunos estuvimos hablando.
Tenemos una idea —dijo ella—. Hemos
estado juntando monedas en el tarro de
"Cambiar el mundo" desde el principio
del año escolar, ¿no?

—Para ayudar a salvar el bosque lluvioso —agregó la maestra Bay.

—Sí —dijo Alex—. ¿Podríamos donar ese dinero a otra causa?

—Mellie tuvo que irse de su casa —dijo Alex—. Los incendios forestales están demasiado cerca. Queremos ayudar a otras personas que tuvieron que hacer lo mismo. Nuestro dinero puede ayudarlas hasta que puedan regresar a su hogar.

—¡Excelente idea! —exclamó la maestra.

Cambiar el mundo

Vuelve al texto de no ficción

Estas personas caminan para recaudar dinero para la investigación del cáncer.

National Presenting Sponsor

Escoger una causa

El primer paso de una colecta es escoger una **causa**. Podría ser la vida silvestre o las personas necesitadas. Puede ser una **organización benéfica** que esté cerca del lugar donde vives. O puede ser una causa de un país que esté al otro lado del mundo. Es importante ayudar a los demás. Al ayudar, podemos mejorar la vida de otros e incluso cambiar el mundo.

Piensa y habla

¿Qué causa te gustaría apoyar?

La fundación del puesto de limonada de Alex

Una niña montó un puesto de limonada. Quería ayudar a los niños con cáncer. Ella también tenía cáncer. Ahora, muchos niños como ella tienen puestos para ayudar.

Asegúrate de escoger una causa que tenga un significado especial para ti. Luego, tienes que decidir cómo recaudarás el dinero. Vender pasteles o reunir monedas en la escuela son buenas maneras de empezar. También hay muchas otras maneras de recaudar dinero.

Unas personas se reúnen en la línea de salida de una caminata organizada para recaudar dinero.

Hacer correr la voz

A continuación, es momento de contarles a todos sobre el evento. Hay muchas maneras de hacer correr la voz. Asegúrate de usar más de una manera de que la gente se entere. Podrías hacer **volantes** o carteles y pegarlos. Si el evento se hace en la escuela, cuéntales a las demás clases. Para eventos grandes, comunícate con un canal de noticias local. El canal puede ayudar a difundir la noticia.

Un niño es entrevistado por un canal de noticias local.

Los carteles ayudan a hacer correr la voz.

Asegúrate de contarles a todos tus conocidos. Cuantas más personas participen, más dinero recaudarás. Diles de qué manera el dinero ayudará a tu causa. Eso puede animar a otros a ayudar también. Cuando las personas trabajan juntas, ¡pueden marcar una gran diferencia!

Unos niños trabajan para difundir una causa.

MAKE A DIFFERENCE.
• ADOPT   • FOSTER
• DONATE • VOLUNTEER

HUMANE
Society
of North Bay

Estas personas llevan una bandera para ayudar a los animales.

Salvar a los animales

Los animales también necesitan ayuda. Algunos grupos organizan recorridos por sus centros de animales. En los recorridos, informan a las personas sobre su causa. Luego, las personas pueden donar dinero para ayudar.

Llegó el momento

El día del evento, hay que recordar algunas cosas. La primera es estar bien **organizados**. Asegúrate de que cada ayudante tenga una tarea. Y no olvides contarles a las personas para qué recaudas dinero. Cuéntales sobre la causa. Diles por qué es importante.

Una voluntaria organiza productos enlatados.

Piensa y habla

¿Cómo sabes que las personas de las fotos son ayudantes?

Estas mujeres trabajan en una venta de pasteles para la fundación Cookies for Kids' Cancer.

El día del evento, asegúrate de llevar un registro del dinero recaudado. Lo necesitarán cuando termine el evento. No importa cuánto sea, el dinero recaudado servirá para una buena causa. ¡Ten esto en cuenta!

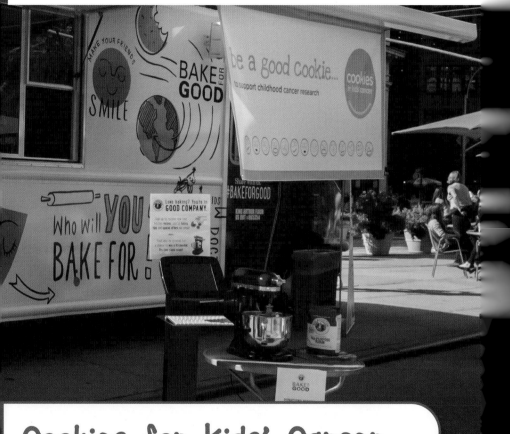

Cookies for Kids' Cancer

Cookies for Kids' Cancer ayuda a recaudar fondos para la investigación y la cura del cáncer infantil. Para reunir el dinero realizan eventos, como ventas de pasteles.

El dinero cuenta

Al final del evento, suma la cantidad de dinero que se recaudó. ¡Es como un problema de matemáticas gigante! Informa el total a los que participaron en el evento. Seguramente querrán saber cuánto se recaudó. Querrán saber que han ayudado a marcar la diferencia.

Los Comedy Kids

Dos niños de tercer grado comenzaron a contar chistes a cambio de dinero. Querían recaudar fondos para una buena causa. ¡Reunieron $18,000! Ahora ayudan a otros niños a organizar sus propias colectas.

Piensa y habla

¿Por qué donar algo puede cambiar la vida de quien dona?

Todos tenemos el poder de cambiar el mundo. Juntos podemos marcar la diferencia. Podemos compartir con quienes son menos afortunados. Podemos ayudar a los necesitados. Ese es el propósito de las colectas. Ninguna cantidad es demasiado pequeña. Cada centavo ayuda. Cuando donamos, podemos cambiar la vida de muchas personas. Incluso podemos cambiar la nuestra.

Glosario

causa: una creencia o idea que las personas apoyan

colecta: el acto de reunir dinero para una causa a través de un evento o una actividad

organización benéfica: una organización o empresa que ayuda a los necesitados

organizados: que siguen un plan o están ordenados

recaudan: reúnen o ganan dinero

volantes: hojas de papel con información que se utilizan para promocionar algo

Índice

Civismo en acción

Hacer una colecta es una buena manera de ayudar. Puede marcar la diferencia. Para empezar, ¡puedes planificar tu propio evento!

1. Escoge la causa en la que deseas ayudar.

2. Decide qué evento harás para recaudar dinero.

3. Planifica cómo podrías informar a las personas sobre el evento.

4. Pide permiso, ¡y haz el evento!